AF296404

ADIEUX

DE

FRANÇOIS-HENRI HÆRTER

PASTEUR DU TEMPLE-NEUF, A STRASBOURG

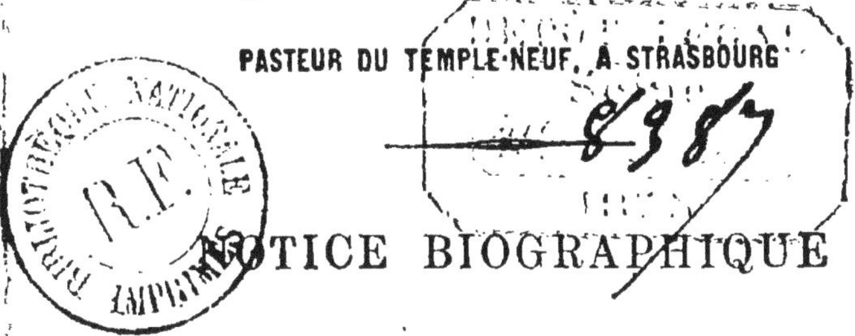

NOTICE BIOGRAPHIQUE

Sa devise était :
« Jésus-Christ est le même hier, aujourd'hui et le sera éternellement. »
(Hébreux XIII, 8.)

François-Henri Hærter écrivit en 1835, c'est-à-dire trente-neuf ans avant sa mort, ses *Adieux à son troupeau*, qu'on trouvera après cette courte notice biographique. C'est un témoignage qu'il a voulu rendre à Celui qui l'avait sauvé par sa grâce. Il avait demandé par écrit que ces *Adieux* fussent lus à son ensevelissement après le chant du cantique : « Miséricorde m'a été faite ; » qu'ils tinssent lieu d'oraison funèbre, et qu'ensuite fussent imprimés et distribués aux fidèles.

Le convoi funèbre du pasteur a eu lieu le 7 août 1874 dans l'église de Saint-Pierre-le-Jeune. Pour nous conformer au désir du défunt, nous avons fait imprimer ses *Adieux* et nous désirons les répandre.

Si la lecture de ces quelques pages peut amener quelques âmes au Seigneur ou fortifier celles qui sont encore faibles dans la foi, le vœu le plus cher du vénérable pasteur sera accompli. Que toute la gloire en revienne à notre divin Maître.

François-Henri Hærter est né à Strasbourg, le 1er août 1797. Son père était confiseur. Sa mère, Louise-Frédérique Rhein, mourut lorsqu'il était encore fort jeune. Il fut baptisé et confirmé dans l'église de Saint-Pierre-le-Jeune.

Il connut la pauvreté ; étant étudiant il dut pourvoir à son entretien et à celui de son père en donnant des leçons ; il passait la plus grande partie de ses nuits au travail. Il avait un goût tout particulier pour les sciences exactes, et voulait entrer à l'école polytechnique ; mais son père désirant le voir se consacrer au saint ministère le jeune homme fit le sacrifice qui lui était demandé. Il entra à la faculté de théologie. Ces études lui étaient antipathiques, car il était tourmenté par beaucoup de doutes, et craignait de ne pouvoir remplir consciencieusement des fonctions pastorales ; — mais le vœu de son père l'emporta sur ses goûts personnels.

Il venait de passer brillamment son examen de bachelier en théologie, quand son père mourut ; il put dès lors satisfaire son besoin d'apprendre et visiter les universités les plus en renom. Le bâton à la main, le jeune étudiant parcourut la France et l'Allemagne. A Halle, il s'attira la reconnaissance de tous les étudiants et du professeur Wegsheider,

par une activité remarquable, qui lui valut une ma-
ladie de la gorge et le mit deux fois aux portes du
tombeau.

Le 7 mai 1823, il fut nommé pasteur à Ittenheim;
il se maria cette même année avec Elise-Henriette
Bampmann, qui fut pour lui une aide précieuse.
Tous deux se dévouèrent à soigner les malades
atteints d'une fièvre épidémique qui ravageait le
village; Madame Hærter fut victime de la contagion.

Cette mort fut un coup cruel pour le jeune pasteur; il désirait suivre sa compagne, mais son heure
n'était pas venue, il lui restait une œuvre à faire. Il
reçut en 1829 un appel du consistoire de Strasbourg, pour desservir la paroisse du Temple-Neuf.
Il s'installa dans sa nouvelle Eglise avec ses deux
jeunes enfants. Il épousa, le 23 mars 1830, Frédérique
Dorothée Rausch, qui fut une tendre mère pour les
orphelins. Elle lui donna deux filles; et après l'avoir
aidé et encouragé dans son ministère pendant douze
ans, elle fut rappelée auprès du Seigneur en 1842.

Nous ne nous arrêterons pas ici pour donner les
détails du grand changement qui s'opéra en 1833
dans les convictions et dans la vie intérieure de
M. Hærter; il en rend compte lui-même mieux que
nous ne saurions le faire, et les conséquences qui
en ont découlé parleront d'elles-mêmes.

Il reconnut en Jésus crucifié et ressuscité, le Dieu
et le Sauveur de son âme.

Il fonda des réunions d'édification mutuelle. Il
rassembla autour de lui tous les chrétiens qui
désiraient l'avancement du règne de Dieu, à quelque

dénomination qu'ils appartinssent, les pressant d'employer au service du Seigneur les dons qu'ils avaient reçus. C'est ainsi que se forma une réunion de jeunes filles qui subsiste encore aujourd'hui, et dont le but est de visiter les malades et les infirmes pour leur apporter des secours et des consolations.

On amena un jour au pasteur deux jeunes orphelins. Il plaça le garçon dans une maison chrétienne où on lui enseigna un état. La petite fille trouva un asile chez une vieille fille pieuse, une couturière, qui se chargea volontiers de cette tâche. Bientôt le nombre des délaissées et des abandonnées augmenta, et en 1838 fut fondé l'établissement pour les servantes, qui a été en bénédiction à beaucoup de jeunes filles sans famille.

La Société des Missions de Strasbourg fut constituée en 1834 par les soins de M. Hærter : il coopéra d'une manière active à la fondation de la Société Evangélique (1839), il encouragea les réunions bibliques, les réunions de prières, le colportage, la distribution des traités, les bibliothèques populaires et les salles de lecture.

Au mois de juin 1842, il vit un de ses vœux les plus chers s'accomplir : quatre jeunes filles offrirent de se consacrer au Seigneur pendant tout le reste de leur vie. Ce fut l'humble commencement de l'œuvre des diaconesses, le grain de moutarde qui devait devenir un grand arbre. Cette œuvre, suivant le désir de son fondateur, devait faire le bien dans l'ombre, fuir la louange et l'approbation des hommes, et travailler, comme le divin Maître, sans éclat, mais sous le regard de Dieu. Ce qu'est devenue cette institution si modeste à son début, nous pouvons nous en rendre compte en voyant les vingt et une stations desservies par les diaconesses au dehors, et les deux maisons de Strasbourg, dont l'une sert à l'éducation des jeunes filles et l'autre est affectée au soin des malades.

Bien des personnes peuvent dire encore ce qu'était M. Hærter pour son troupeau; on se souvient de la foi, du zèle, de l'amour qui passait de son âme sur ses lèvres, quand il exhortait les fidèles; avec quelle charité il allait chercher les brebis égarées, avec quelle patience il écoutait ceux qui venaient lui demander conseil, et ceux qui ont eu le privilége de suivre ses instructions religieuses, ne sauraient les oublier. Beaucoup de ceux qui ont écouté sa parole ici-bas et qui l'ont devancé dans l'éternité lui rendront témoignage au dernier jour du bien qu'il a fait à leurs âmes !

Malgré toute l'activité chrétienne que déployait M. Hærter, il conservait toujours un ardent désir de déloger de ce monde. Pendant quarante ans de travaux incessants, il fut poursuivi par le besoin d'entrer dans la patrie céleste. Quand on lui demandait d'où lui venait ce sentiment, il répondait : « Quand Dieu me fit connaître toute la profondeur de sa grâce et de son amour et que je me consacrai à lui sans réserve, je fus inondé d'un tel bonheur que je me croyais déjà en paradis. Je m'aperçus bientôt que ces jouissances de l'âme m'ôtaient le goût et le courage de m'occuper de mes devoirs terrestres ; je demandai alors instamment au Seigneur de m'enlever ce bonheur spirituel pour ne m'en laisser que le souvenir. Je fus exaucé. Mais c'est de ce moment que j'éprouve une sorte de mal du pays, et je ne cesse de désirer ce que j'espère. »

Au lieu d'atteindre promptement le port, comme il le souhaitait, il eut une longue épreuve à traverser avant le jour de la délivrance. Une congestion cérébrale lui rendit la parole et le travail fort difficiles; il comprit que toute activité extérieure lui devenait impossible et que Dieu lui demandait la soumission et le recueillement. Il accepta sans murmure cette lourde épreuve; jamais il ne se plaignait, il demanda seulement une fois à sa fille : « Tu me plains, n'est-ce pas ? »

Il nous avait souvent dit qu'à ses yeux les plus heureux d'entre les chrétiens étaient ceux dont le nom était écrit dans le livre de vie, qui avaient fidèlement travaillé à l'œuvre du Seigneur, que les hommes ne connaissaient pas mais que leur Père céleste conduisait par la main. Il désirait être oublié de ses frères pour mourir paisiblement, seul, aux pieds du Sauveur.

Ses amis lui procurèrent la grande satisfaction d'avoir pour suffragant son gendre, le pasteur Reichard; celui-ci avait, sept ans auparavant, épousé la fille aînée de M. Hærter. M. Reichard sut gagner la confiance et l'affection du troupeau. Quand il fut appelé à Posen, M. Redslob et ensuite son fils le remplacèrent.

Les forces physiques et morales de M. Hærter

diminuaient peu à peu, mais lui permettaient cependant de continuer une partie de son travail; lorsque le 8 mars 1873, juste deux mois avant qu'il célébrât la cinquantième année de son ministère, une nouvelle attaque le cloua dans sa chambre et lui enleva la mémoire. Ses deux plus jeunes filles et deux nièces qu'il avait élevées, l'entourèrent de leurs soins; elles ne le quittaient ni jour, ni nuit, et quoique ces soins incessants amenassent une grande fatigue, ces dix-sept mois passés autour de ce lit de souffrances leur ont laissé les plus doux souvenirs. Tant qu'il avait pu travailler, il avait eu peu de temps à consacrer à sa famille; maintenant qu'il ne pouvait plus agir, il laissait son cœur répandre autour de lui des trésors de tendresse et de reconnaissance. Ses petits enfants étaient pour lui une source intarissable de joie. Tout ce qui était terrestre le laissait souvent insensible; il ne se souvenait même pas toujours du nom de ses enfants. Mais si on lui demandait: Connaissez-vous le Seigneur Jésus? il répondait toujours: « Oh! oui! » — Vous réjouissez-vous d'aller au ciel? sa voix s'animait et il disait avec force : « Je le crois bien! »

Si on commençait à lui réciter un passage ou un verset de cantique, il l'achevait sans hésiter; la vie de l'âme survivait chez lui à la vie du corps. Un des cantiques qu'il aimait le mieux était celui-ci :

> Pour moi, pour ma vie terrestre,
> Il n'y a aucun aliment ici-bas;
> Mais ce qui m'est précieux,
> C'est ce que Christ m'a donné.

Le chant de ses enfants l'accompagna jusqu'à son dernier soupir; ils priaient autour de son lit de mort le 5 août à midi, et il s'endormit du dernier sommeil pendant que sa famille chantait cette strophe :

> Quel bonheur que le repos en Jésus !
> Là, plus de mort, de douleur, de péché;
> Le son de la harpe, céleste mélodie,
> Souhaite la bienvenue à l'âme rachetée.
>
> Tu peux nous faire passer comme en rêve
> Les portes d'or qui nous rendent la liberté.

Ces paroles se réalisèrent pleinement pour M. Hærter. Il s'endormit sans agonie. Les derniers mots distincts qu'il avait prononcés étaient ceux ci : « Quand la vie m'échappera, toi, ô Dieu, tu seras en tout temps ma consolation et mon partage — oui, *mon partage.* »

ADIEUX DE M. LE PASTEUR HÆRTER

A SON TROUPEAU

Je rends grâces à Jésus-Christ notre Seigneur, qui m'a fortifié, de ce qu'il m'a jugé fidèle, m'ayant établi dans le ministère;

Moi qui étais auparavant un blasphémateur, un persécuteur, un homme violent; mais j'ai obtenu miséricorde, parce que je l'ai fait par ignorance, étant dans l'incrédulité.

Et la grâce de notre Seigneur a surabondé en moi, avec la foi et la charité qui est en Jésus Christ.

Cette parole est certaine et digne d'être reçue avec une entière croyance : c'est que Jésus Christ est venu au monde pour sauver les pécheurs, dont je suis le premier.

Mais j'ai obtenu miséricorde afin que Jésus Christ fît voir, en moi le premier, une parfaite clémence pour servir de modèle à ceux qui croiront en lui, pour avoir la vie éternelle.

Au roi des siècles, immortel, invisible, à Dieu seul sage, soient honneur et gloire aux siècles des siècles. Amen. (1 Timothée I, 12-17.)

Que Jésus mon Sauveur me soit en aide! Amen. Désireux de laisser un dernier témoignage de la grâce que Dieu m'a accordée en Jésus-Christ pour être communiqué à mes frères lorsque j'aurai quitté ce monde, je profite de quelques heures de repos et de recueillement que m'accorde mon divin Maître, et je me place en face de cet instant solennel où ce qui est caché me sera découvert, et où il ne me restera d'autre consolation que la grâce de Celui qui m'a sauvé. Et toi, Auteur de toutes grâces, qui m'as jusqu'ici conduit par la main, soutiens-moi par ton Esprit, afin que chaque mot que je vais écrire soit écrit en toute vérité et en toute humilité et que je sois fidèle jusqu'au terme de ma carrière. Amen.

Je rends grâces à Jésus-Christ notre Seigneur!

Oh! que ne puis-je lui rendre grâces, comme je le voudrais; mais les mots me manquent; depuis des années j'essaye chaque jour d'exprimer ma reconnaissance; mais plus j'y réfléchis, plus les bienfaits dont le Seigneur m'a comblé me semblent innombrables, et je ne puis que murmurer les paroles du Psalmiste : *Mon âme, bénis l'Eternel! et que tout ce qui est en moi bénisse le nom de sa sainteté. Mon âme bénis l'Eternel et n'oublie pas un de ses bienfaits. C'est lui qui pardonne toutes tes iniquités, et qui guérit toutes tes infirmités; qui retire ta vie de la fosse, qui t'environne de bonté et de compassion.* (Ps. CIII, 1-4.)

Je suis un enfant de la grâce; tout ce qui m'a été donné, m'a été donné par pure grâce!

Le Seigneur m'a retiré de la mort, car pour moi pauvre misérable pécheur, il n'y avait d'espoir qu'en lui. A chaque instant de ma vie, j'ai senti qu'il n'y a de salut en aucun nom par lequel nous puissions être sauvés, que le tien, Seigneur Jésus, devant lequel les anges se prosternent, et devant lequel je m'humilie, pendant que ma main trace ces mots.

Quand mes frères ici-bas liront ces lignes, je serai près de toi, mon Dieu, mon bien suprême, mon meilleur Ami, l'Epoux de mon âme! Cette assurance est le plus précieux don de ta grâce. Gloire soit à ton nom, mon Dieu, mon Sauveur et mon Roi! — Unissez-vous à moi, vous tous qui attendez son avénement; unissez-vous à moi pour le bénir! Tombons à genoux devant Celui qui nous a créés, car il est notre divin Berger, et nous sommes ses brebis reconnaissantes. Personne ne pourrait nous ravir de sa main. Il est aussi :

Celui qui m'a fortifié.—L'Eternel m'a rempli d'une joie et d'un courage que je ne soupçonnais pas, que je ne croyais pas possible de posséder; mais il a réveillé en moi la force découlant de cette foi qui surmonte tous les obstacles; il l'a affermie par sa Parole, et son grand sacrifice m'a communiqué une étincelle de cet amour qui est plus fort que la mort. J'étais, par nature, timide et craintif quand il s'agissait d'adresser la parole à des inconnus; je reculais tout tremblant. Du moment où j'ai connu mon Sauveur, une transformation complète s'est opérée en moi; une fois que j'eus la ferme assurance qu'il m'avait adopté, que j'étais désormais un serviteur du Maître du ciel et de la terre, qui déployait sa force dans mon infirmité, je me sentis animé d'une sainte hardiesse, et j'aurais pu confesser son nom en face du bûcher. Dès lors, aucune opposition, aucune menace, aucune moquerie ne m'effraya, *car j'étais assuré que ni la mort, ni la vie, ni les anges, ni les principautés, ni les puissances, ni les choses présentes, ni les choses à venir, ni les choses élevées, ni les choses basses, ni aucune autre créature ne me pourrait séparer de l'amour que Dieu nous a montré en Jésus-Christ, notre Seigneur.* (Rom. VIII, 38, 39.)

Permettez-moi de vous dire ici que, si je sentais la force de Dieu agir en moi, jamais je n'avais mieux compris ma propre impuissance; je me voyais si misérable, si faible que, sans la grâce incessante de Dieu, je n'aurais rien pu entreprendre; mon incapacité physique m'écrasait parfois. Quand je montais en chaire, il me semblait impossible de parler ou même de penser, et je priais ardemment jusqu'au moment où je commençais mon sermon. Alors mes lèvres s'ouvraient sans effort, les pensées me venaient claires et abondantes, et le Seigneur m'inondait de sa grâce et, par mon moyen, ceux qui m'écoutaient. Rendons tous ensemble nos actions de grâces à Celui qui

M'a jugé fidèle.— Il ne s'agit pas ici de ma fidélité dans l'accomplissement de mes devoirs, car le Seigneur sait encore mieux que moi combien mes efforts ont été insuffisants et imparfaits, et combien j'ai souvent contrevenu à ses commandements : *fidèle*, ici, veut dire que je n'ai prêché que les doctrines que je *croyais* de tout mon cœur, — et je puis donner à mon troupeau l'assurance que le Seigneur m'a lui-même fidèlement appris à considérer comme mon plus précieux trésor l'Evangile qu'il m'avait confié pour mon salut et pour le salut de *ceux qui croiraient en lui par ma parole*. Du moment où la grâce a régénéré mon cœur, ce n'est plus moi-même que j'ai prêché, mais Jésus-Christ, mon Seigneur et mon Maître, dont je n'étais que le serviteur inutile, incapable par moi-même de faire aucun bien. J'ai expérimenté dans mon propre cœur toute la force, toute la joie que peut communiquer la Parole de Dieu, telle que je l'ai annoncée à Strasbourg, et, maintenant que je me place en présence de mon Juge et que je m'éprouve moi-même sérieusement, je puis jurer devant Dieu qu'aussi vrai que mon âme est immortelle, aussi vrai que mon Sauveur est vivant, j'ai fidèlement prêché la vérité.

Je suis une preuve, entre mille, que l'Evangile de Christ peut seul éclaircir tous les doutes de ceux qui voudraient croire et qui ne le peuvent pas. J'avais essayé de toutes les solutions avant de me courber sous le joug de Christ, que je repoussais dans mon orgueil. J'avais une répugnance extrême pour le ministère, et ce n'est que par une série de directions providentielles, et bien contre mon gré que je commençai à étudier la théologie. J'aimais passionnément les mathématiques et j'aurais voulu pouvoir suivre une profession qui me permît de les étudier.

Je ne tardai pas à reconnaître sur quels fondements erronés reposait tout le système de la théologie nouvelle; malheureusement nos jeunes étudiants ne l'approfondissent pas suffisamment. Un violent combat s'éleva dans mon âme; j'étais désespéré, quand un ange gardien fut placé à côté de moi par la main paternelle de Dieu; mon professeur Charles-Timothée Emmerich fut le premier moyen dont le Seigneur se servit pour me retirer des griffes du malin.

Vous ne soupçonnez pas, vous les savants de ce monde, ce que peut souffrir une âme humaine qui se débat au milieu de vos enseignements confus pour chercher la vérité, lorsqu'au lieu de lui offrir le pain de vie contenu dans les saintes Ecritures, vous ne lui offrez qu'une science changeante ou des doutes incessants! Emmerich ne put résoudre mes doutes, puisque lui-même n'était pas au clair sur tous les points, mais il me donna l'exemple d'une foi humble qui se soumet à la Parole de Dieu, et je pus aussi attendre, avec patience et prières, que Dieu m'envoyât la lumière. Et elle vint. J'avais vingt et un ans lorsque je terminai mes études et que je quittai la faculté avec tous les certificats d'aptitude et de connaissances que mes professeurs m'accordèrent; mais avec un cœur plein d'angoisses; j'étais sans cesse poursuivi de cette pensée, qu'il me faudrait un jour enseigner ce que je ne croyais pas moi-même, et je ne pouvais un moment admettre la possibilité de tordre le sens de certains passages pour les adapter au système qu'on me présentait comme le seul raisonnable et conforme à la dignité humaine.

Au milieu de mes incertitudes, j'eus un moment la pensée de me présenter pour une place de professeur à la faculté; oubliant que si un prédicateur incrédule peut faire beaucoup de mal, un professeur incrédule a une responsabilité bien plus grande encore, puisqu'il travaille à former une phalange de jeunes pasteurs qu'il ne peut que rendre incrédules comme lui-même.

Je me rendis en Allemagne pour compléter mes études, aux sources mêmes de la science théologique les plus renommées. A Halle, où je passai quelque temps, je fus soumis à une rude épreuve, car un des hommes les plus honorables m'apprit sans réticences à quoi tendaient les efforts des savants modernes : ils voulaient remplacer le christianisme par la religion naturelle.

Cet homme était le loyal Wegsheider, docteur et professeur de théologie. Il présidait une réunion à laquelle douze des étudiants les plus âgés assistaient, et dans laquelle fut lue une lettre d'un ancien élève de la faculté qui soumettait ses doutes à son professeur. A ce propos, quelqu'un posa cette question :

Ne serait-il pas possible et désirable de fonder une nouvelle et meilleure religion que le christianisme? Mes onze collègues furent unanimes pour affirmer que c'était non-seulement possible mais nécessaire; car le christianisme avait fait son temps et ses doctrines étaient vermoulues. Il fallait prendre pour base fondamentale de la nouvelle religion ces trois mots : Dieu, la vertu, l'immortalité.

Quelque faible et vacillant que je fusse alors dans mes convictions, je m'appuyai sur les déclarations des saintes Ecritures, pour leur prouver la nécessité d'une révélation qui seule pouvait nous donner la certitude que nous cherchions. Je leur montrai d'une manière si claire comment *Jésus est le chemin, la vérité et la vie*, qu'un enfant même peut le comprendre; tandis qu'en même temps ce mystère est si profond qu'il confond la science des sages de ce monde. Tous mes adversaires se turent, et je sortis de là avec la conviction que celui qui croit à la Bible comme à la Parole de Dieu, y trouvera *l'épée de l'Esprit*, à laquelle rien ne saurait résister.

J'avais déjà commencé à lire la Bible sans commentaires, mais avec un sincère désir d'y croire; les prophéties que je ne compris pas d'abord, s'éclaircirent bientôt à mes yeux; je ne tardai pas à me convaincre combien était faible et faux ce principe que nous devons tout expliquer dans l'Ecriture sainte et tout soumettre au contrôle de notre raison; avant longtemps, j'arrivai seul et sans aucun secours humain à reconnaître que nous possédons dans ce livre saint la vérité révélée, et que Jésus-Christ est le

Sauveur et la lumière du monde. Ce fut avec cette nouvelle mais ferme croyance que je revins dans ma ville natale et que je me préparai à prêcher pour la première fois sur ce texte : *Je suis la lumière du monde, celui qui me suit ne marchera point dans les ténèbres mais il aura la lumière de la vie.* (Jean XIII, 12.)

A peine avais-je atteint l'âge voulu que je fus nommé pasteur. Cet appel m'effrayait, car j'étais fort peu exercé dans la prédication et mon incapacité m'écrasait ; cependant comme je n'avais fait aucune démarche pour obtenir ce poste, je ne crus pas devoir refuser et je partis tout à fait inexpérimenté, et, hélas ! avec une inconcevable légèreté, pour commencer mon œuvre pastorale. Mais le Seigneur m'avait :

Établi dans le ministère. A l'heure qu'il est je me sens couvert de confusion en me rappelant combien j'étais alors loin de comprendre ce qui devait être le nerf de ma vocation et combien peu je savais quelle responsabilité pesait sur celui qui devait conduire ses frères *aux sources d'eau vive.*

Pendant six ans je restai à Ittenheim, village d'environ huit cents âmes ; j'y trouvai de bien grands désordres et ne savais comment y remédier ; je m'occupai activement de ma paroisse, mais le levain manquait ; je me tourmentai pour fonder plusieurs œuvres, mais les gens ne s'amélioraient pas ; je prêchais la Parole de Dieu, mais je ne parlais que de la loi. Je ne comprenais pas encore moi-même l'Evangile, comment aurais-je pu l'expliquer aux autres ? Le village restait dans un sommeil de mort.

Un seul de mes paroissiens se mit à chercher son Sauveur, et quand il vint me demander des conseils et des directions, je ne pus lui en donner. Mes pauvres paroissiens avaient en moi un bien mauvais pasteur ; je le sentais moi-même, car si j'obtenais quelque amélioration superficielle, le fond des cœurs ne changeait pas. Je pleurais des larmes amères, je suppliais Dieu de me montrer le chemin que je devais suivre pour atteindre les consciences, et je ne me doutais pas que c'était moi qui devais le premier subir une transformation complète ; qu'avant de pouvoir réformer les autres, il fallait que je fusse passé de la mort à la vie. La mort prématurée de ma première femme fut le moyen dont le Seigneur se servit pour m'amener à Lui.

Une violente épidémie ravageait Ittenheim, j'avais affronté journellement la contagion sans crainte, j'avais soutenu les malades et les mourants, quand ma bien-aimée Elise fut atteinte et mourut le cinquième jour. Je n'avais jamais craint la mort ; maintenant je l'appelais de tous mes vœux, et je constatais avec joie qu'une fièvre lente ruinait mes forces. Ce fut alors que me vint l'appel de Strasbourg ; j'y répondis affirmativement, pour débarrasser mon troupeau d'un pasteur inutile et pouvoir mourir en paix après avoir rempli un dernier devoir, c'est-à-dire fait nommer un remplaçant plus digne du ministère que je ne l'avais été. Quant à l'Eglise de Strasbourg et à l'œuvre que j'y aurais à faire, je n'y pensais même pas, car je n'espérais qu'une chose : mourir bientôt. Un jeune homme plein de talent et de dévouement, Lurzing, fut mon successeur ; il travailla sans relâche, mais comme, malheureusement, lui aussi comptait sur sa sagesse et sur ses œuvres, il n'obtint aucun fruit de ses efforts et fut usé au bout de trois ans.

Lorsque je fus installé à Strasbourg, je m'aperçus, à ma grande consternation, que ma santé s'améliorait sensiblement ; j'en ressentis une profonde tristesse, et je ne puis décrire ce qui se passa alors en moi ; le Seigneur, qui m'a conduit en tout temps d'une manière si miséricordieuse, m'éclaira peu à peu sur mon état spirituel : je vis avec effroi dans quel abîme de misère j'avais été plongé jusque-là, et je compris que mon désir de mourir était un murmure, un crime même, car j'étais un pécheur perdu sans ressource. Si ma prière avait été exaucée, que serait devenue mon âme? Les hommes me croyaient vertueux, pieux même, et chaque jour augmentait mon repentir et mes regrets en voyant tout mon travail passé dont je comprenais l'inutilité. Je compris, pour la première fois, ces paroles de l'Apôtre : *J'étais un blasphémateur, un persécuteur, un homme violent.* J'avais toujours admiré la personne du Christ, j'avais parlé de lui avec respect, mais je l'avais renié en réalité puisque je voulais me sauver moi-même et rabaisser ses mérites pour exalter ma propre justice. Je n'avais jamais eu l'intention de le persécuter, et j'admirais ma tolérance ; cependant j'avais entravé de tout mon pouvoir l'avancement du règne de Dieu, en rejetant loin de moi la sève même du christianisme et en empêchant d'autres d'y croire : la réconciliation par le sang de Christ. Quoique j'eusse un profond respect pour le Fils de Dieu, et que je l'appelasse la lumière du monde; néanmoins, j'étais un blasphémateur, puisque j'abaissais la croix de mon Sauveur devant ma raison et pour me glorifier moi-même. Que de fois n'avais-je pas regardé avec une sorte de pitié méprisante, les chrétiens que je voyais abîmés aux pieds du Sauveur, dans le sentiment de leurs péchés! Que de fois ne m'étais-je pas élevé contre ceux qui voulaient faire de la religion du Christ une religion d'humiliation et de repentance! Ah! maintenant, je voyais les choses autrement! Aucun homme ne m'avait instruit, mais la puissance de l'Esprit de Dieu m'avait convaincu de péché, de justice et de jugement; mon âme était agitée d'angoisses inexprimables, et comme je n'osais m'ouvrir à personne, cet état si douloureux m'amena, au bout de dix mois, à une consécration complète à Jésus-Christ lui-même. Mon âme, comme mon corps, entra en convalescence; humilié et en même temps glorifié par la grâce de mon Sauveur, je me sentis une nouvelle créature, et je pus m'écrier :

J'ai obtenu miséricorde. — Mon être tout entier et mon travail furent transformés; j'avais jusqu'alors *agi par ignorance;* je m'en humiliais devant Celui qui connaît toutes choses, je me sentis pardonné, relevé et je me remis au travail animé de la force de Celui qui agissait dans ma faiblesse. Je renonçai à ma volonté propre, et plus j'appris à me méfier de moi-même, plus je me vis abondamment béni, et quand enfin je pus dire avec une pleine assurance : Je suis à toi sans réserve, ô mon Sauveur, je sentis une vie nouvelle animer et réchauffer mon âme.

J'eus à combattre l'opposition du monde ; mais maintenant je m'en inquiétais fort peu ; autrefois un blâme, un jugement sévère me tourmentaient longtemps ; à présent rien ne pouvait troubler ma joie ni diminuer mon courage ; *la grâce de notre Seigneur surabondait en moi, avec la foi et la charité qui est en Jésus-Christ.*

Ma prédication subit aussi une transformation radicale. La Parole de Dieu, que je n'avais jusqu'alors considérée que sous le côté légal, et qui par conséquent était pour moi incomplète et superficielle dans ses enseignements, m'apparut sous un autre jour ; j'en compris le véritable sens spirituel, la liaison inséparable de toutes ses parties, et mon intelligence put enfin saisir tout l'ensemble des saints Livres. Eclairé par la lumière divine, je ne pouvais comprendre comment j'avais si longtemps connu ces grandes vérités sans en saisir la signification. Ma foi avait une base solide : au dehors, l'Ancien et le Nouveau Testament ; au dedans, mon expérience quotidienne qui rendait témoignage à la vérité. Mes convictions devinrent de jour en jour plus précises par la lecture assidue de la Bible et par la prière ; mais, à mon grand regret, l'amour ne remplissait pas encore mon cœur, et bien souvent je m'écriai avec larmes : O Seigneur Jésus, réchauffe mon âme des rayons de ton amour ! Ce ne fut qu'au bout d'une année que ma requête fut exaucée et que l'auteur de toutes grâces m'en fit connaître les richesses. D'abord mon cœur s'ouvrit lentement ; puis, à mesure que la vie divine y pénétra, je sentis une rosée céleste qui ranimait mes forces morales, et enfin tout mon être et toute ma vie furent régénérés, et, pour ainsi dire, inondés d'amour, en sorte que, malgré mon sentiment de péché, je pus louer et bénir, et annoncer au monde entier :

Que cette parole est certaine et digne d'être reçue avec une entière croyance : c'est que Jésus-Christ est venu au monde pour sauver les pécheurs, dont je suis le premier.

Quand on se place, comme je le fais en ce moment, en face de la mort, qu'on s'appuie sur les mérites de Jésus-Christ venu pour sauver les pécheurs, on se sent rempli de courage. Comment est-il possible, je ne cesse de me le répéter, ô mon Sauveur, comment est-il possible que tu m'aies regardé avec tant de miséricorde, moi, le plus misérable des pécheurs? Je ne mérite que condamnation ; tout ce que je possède de bon me vient par grâce, par pure grâce. Les hommes qui ne jugent que sur l'apparence peuvent croire que je possède quelques droits à ta bonté, mais, moi, je porte avec peine le poids de tous mes péchés, et j'en serais écrasé sans ton secours tout puissant. J'ai cent fois mérité la mort ; mais toi, l'ami de mon âme, tu as pris sur toi la condamnation ; une compassion sans bornes a porté mon céleste Ami à quitter pour moi les demeures éternelles, à subir un supplice ignomineux, et c'est Lui, Lui seul, qui m'a sauvé du désespoir et de la mort.

Mais ce n'est pas tout. Non content de m'avoir sauvé, le Seigneur, au lieu de me laisser à mes propres forces, au lieu de me permettre de continuer ma vie de péché, m'a pris par la main et me conduit paternellement, me supportant avec une patience inépuisable. Il a réparé maintes fois mes folies; il m'humilie et m'éprouve jusqu'à ce que je sois corrigé, encouragé, et que je puisse faire quelque chose de bon. Toutefois, ce n'est pas moi, pauvre pécheur, qui suis capable de faire sa volonté, mais c'est Lui qui agit en moi.

Louez donc son nom, vous tous qui croyez que je vous ai enseigné quelque chose de bien! Sachez que moi j'étais incapable de vous être utile, et que, sans Jésus-Christ, je n'aurais pu ni vous servir ni vous instruire; je n'aurais pu que vous pousser à votre perte, comme des enfants de colère, mais

J'ai obtenu miséricorde, afin que Jésus-Christ fît voir, en moi le premier, une parfaite clémence pour servir de modèle à ceux qui croiront en lui, pour avoir la vie éternelle.

Ma délivrance de la condamnation éternelle est l'œuvre d'une miséricorde divine, et ce que le Seigneur m'a permis de faire pour vos âmes provient de la même source; oui, mes frères et sœurs en Christ, quand j'avais le privilége de vous instruire, je recevais autant que vous, et je puis me prosterner devant le trône de Dieu comme le plus indigne de ceux qui ont trouvé la grâce et le pardon. J'ai fait l'expérience que le céleste berger est venu pour nous apporter la vie; Il m'a donné sa paix avec une abondance bien plus grande que je n'aurais pu l'espérer, cette paix qui me met au-dessus des soucis de la terre, qui m'accompagnera dans cette vie et dans l'éternité ; Il m'a fait la grâce d'entrer en relations avec une foule d'âmes chrétiennes qui ont fait les mêmes expériences que moi, et nous sommes unis par un lien indissoluble, savoir : l'amour, la foi et l'espérance que Jésus-Christ donne à ceux qui sont siens. Que la paix et la bénédiction de Dieu reposent sur vous, bien-aimés qui m'avez accueilli si fraternellement ; vous m'avez souvent encouragé et fortifié : que le Seigneur vous le rende !

Plusieurs des membres de mon troupeau m'ont précédé dans les demeures éternelles, où nous pourrons nous réjouir mieux encore qu'ici-bas en la présence de notre Emmanuel qui nous a unis dans son amour ; oh ! comme mon cœur bat d'espérance à cette perspective ! Cependant quand mon heure aura sonné et que mon âme entrera dans son repos, je n'en demeurerai pas moins uni à ceux qui resteront sur la terre, pourvu qu'ils persévèrent jusqu'à la fin dans la fidélité et l'amour en Jésus-Christ.

Bien-aimés frères et sœurs, qui demeurez ici-bas, ne vous laissez entraîner par aucun parti, mais demeurez fermes dans l'unité de l'esprit, qui est le lien de la paix, avec humilité, avec douceur et patience. Laissez-moi surtout vous recommander la patience vis-à-vis de ceux qui sont dans l'erreur, car si vous manquez de support, vous péchez et vous leur fournissez une arme contre vous. Souvenez-vous de quelle patience le Sauveur a usé envers nous lorsque nous n'étions que des « vaisseaux de colère. » Rappelez-vous avec quelle incomparable douceur il a supporté les transgressions de ses disciples. Pourquoi n'userions-nous pas d'une même indulgence vis-à-vis de ceux qui repoussent le salut par ignorance, et qui sont sans le savoir des blasphémateurs, des persécuteurs de Jésus-Christ? Protestons contre l'erreur, mais supportons ceux qui en sont les victimes ; annonçons l'Evangile à ceux qui sont morts dans leurs fautes et dans leurs péchés, mais ne les repoussons pas loin de nous, et surtout ne nous lassons pas de prier pour eux. Si nous remplissons cette tâche fidèlement, nous pouvons être assurés, que lorsque nous entourerons le trône de l'Agneau *avec cette grande multitude que personne ne pourra compter, de toute nation, de toute tribu, de tout peuple et de toute langue*, nous aurons la joie d'y retrouver parmi les rachetés, plusieurs de ceux qui sont aujourd'hui nos adversaires, et nous nous écrierons d'un cœur plein de reconnaissance :

Au Roi des siècles, immortel, invisible, à Dieu seul sage, soient honneur et gloire aux siècles des siècles. Amen!

Paris. — Typ. de Ch. Meyrueis, 13, rue Cujas.